AF370802

ŒUVRES COMPLÈTES
OU CHOISIES

Des Principaux Poètes en langue d'Oc

(ANCIENS ET MODERNES)

AVEC TRADUCTION FRANÇAISE

Illustrations

D'ÉDOUARD MARSAL

MONTPELLIER

Aux Bureaux de "L'ÉCLAIR"

CHEZ TOUS SES DÉPOSITAIRES

Dans les principales Librairies et Bibliothèques des Gares
de la région

1890

10 Centimes la Livraison

Les riches mangeaient des rats
Tués par les casseurs de rues

ARGUMENT DU PREMIER CHANT

Le poëte invite sa Muse à chanter le siège de Caderousse. Caderousse, l'orgueilleuse. — La cité d'Avignon est éprouvée par une terrible famine. — Les habitants en sont réduits à manger des chats, des rats, le cuir de leurs chaussures. — Les quatre ordres mendiants prêchent vainement pour leur panse ; mais ventre affamé n'a pas d'oreilles. — Un Frère quêteur, en tournée, apporte la nouvelle que Caderousse vient de recevoir d'amples approvisionnements. — Les moines, tout réjouis, vont l'annoncer à Monseigneur Doria. — Dans sa joie, le Vice-Légat s'administre un copieux repas. — Sur son ordre, vingt soldats du Pape sont ensuite envoyés à Caderousse pour qu'elle soit emportée d'assaut, si elle ne veut pas céder une part des provisions qu'elle a reçues. — L'alarme se répand dans la ville, à la vue de ces forces imposantes. — Indigné de cette panique, l'audacieux Lafeuillade, un maréchal-ferrant, se charge d'aller demander le motif de cette démonstration. — L'ignorant maréchal, qui ne sait pas lire, fait mine de déchiffrer une ordonnance de Doria, exigeant 4.000 setiers de blé. — Il rentre fièrement dans Caderousse. — A sa vue, on accourt vers lui pour connaître le résultat de sa mission. — On discute le prix du blé. — Émotion générale au récit des menaces du Vice-Légat si l'on ne s'exécute pas sur l'heure. — Exhortation belliqueuse du maréchal-ferrant, qui veut, au contraire, que l'on résiste. — Sortie heureuse des Caderoussiens. — La victoire reste à Maître Lafeuillade.

LOU SIÈGE DE CADAROUSSA

POUÈME COUMIQUE EN TRES CANTS

PREMIÉ CANT

IÉU qu'ai long-tèms sus moun vióuloun
Rasclat, en despiech d'Apoulloun,
A la sourdina e sans maliça
La glòria dau famous Ulissa,
Ioi, sus un sujet pu nouvèl,
Embé l'assistança dau cièl,
Infatigable vióulounaire,
Vole ensaja moun saupre-faire.
Musa, se m'ajudes un pau,
La besougna anarà pas mau.
Anen, vielha Ninfa, courage !
S'agis que de faire tapage...

LE SIÈGE DE CADEROUSSE

POÈME COMIQUE EN TROIS CHANTS

PREMIER CHANT

Moi, qui ai longtemps sur mon violon rãclé, en dépit d'Apollon, tout bonnement et à la sourdine, la gloire du fameux Ulysse, aujourd'hui, sur un sujet plus nouveau, avec l'assistance du Ciel, infatigable violoneux, je veux essayer mon savoir-faire.

Muse, si tu m'aides un peu, la besogne n'ira pas mal. Allons, courage, vieille Nymphe ! Il ne s'agit que de faire tapage...

E quinta fenna n'aima pas
Lou carilhoun e lou tracas !
Canten ensemble las alarmas,
La coulèra, lou bruch, las armas ;
E qu'un siège das pu poulits
Acabe lou rebaladis.
Ah ! se semblava lou de Troia,
Poudès me dire, quinta joia !
Mès lous Grècs èrou de mutins
D'autre péu que lous Coumtadins :
E lous Hectors de Cadaroussa
N'avien pas d'Achiles en troussa.
Tout restèt entiè dins l'endrech,
End'aco iè fasiè pas frech.
Vèni, ma mia, e faguen veire
As gents que n'hou volou pas creire
Que lous petachous d'Avignoun
Jogou pas toujour dau guignoun.
Es vrai qu'à nostre Rèi de França,
D'abord qu'emb'eles intra en dansa,
Au pus vite portou las claus
Per preveni lous petassaus.

Et quelle femme n'aime point le carillon et le tracas ! Chantons ensemble les alarmes, la colère, le bruit, les combats ; et qu'un siège des plus jolis achève le remue-ménage. Ah ! s'il ressemblait à celui de Troyes, pouvez-vous me dire, quel plaisir ! Mais les Grecs étaient des guerriers d'autre poil que les Comtadins, et les Hectors caderoussiens n'avaient pas d'Achilles à leurs trousses. Tout resta intact dans le pays ; cependant, il n'y faisait pas froid.

Viens, ma mie, et faisons voir aux gens qui ne veulent pas le croire, que les couards d'Avignon ne jouent pas toujours de malheur. Il est vrai qu'à notre Roi de France, dès que celui-ci rentre en danse avec eux, au plus vite ils portent les clés de la ville, afin de prévenir les horions.

An resoun, per aquela adressa.
La pòu servi de poulitessa.
E lou Prince, que s'en ressent,
Pren be las claus, mès ié las rend.
Louis garda pas la coulèra
Contra una ant bona manièra.
E tèn aquel pople esfraiat
Quite per un *Exaudiat.*
　　Mès qu'una michanta vilota,
Pas pu granda qu'una poutota,
Cresegue soul redurre antau !
O fièra granoulha, ista siau !
Avès bèu vous eoufià la pansa :
Un pichot bourg n'es pas la França :
Vous flatà de trop, *si vous plèt :*
Faguen-z-hou vèire. Aici lou fèt :
　　Dins Avignoun, una famina
Passava tout per l'estamina
E ié teniè lou euou destrech
As mouines meme de l'endrech.
Jujàs se, dins aquela fèsta,
I'aviè grand traval per... lou rèsta

Ils ont raison : par cette ruse, leur poltronnerie est prise pour de la politesse et le Prince, qui leur en sait gré, accepte bien les clés, mais il les leur rend. Louis ne garde pas rancune devant une si bonne manière et tient ce peuple effarouché quitte pour un *Exaudiat.*

Mais qu'une mauvaise petite ville, pas plus grande qu'une poupée, s'imagine les réduire ainsi ! O grenouille orgueilleuse, reste tranquille ! Vous avez beau vous enfler la panse : un petit bourg n'est pas la France ! vous vous flatez de trop, s'il vous plaît. Faisons-le voir. Voici le fait :

Dans Avignon, une disette générale passait tout par l'étamine, et y tenait amaigri le râble même des moines de l'endroit. Jugez si dans pareille occurrence il y avait grand travail pour... le reste. A peine i.

Tout-escàs lou Vice-Legat
Ié digerava après soupà :
El que, davans, noun s'embraiava
Que lou moumen que s'ataulava.
E que, quand acò lou preniè,
Tout brafant anava e veniè.
Atabé sa pansa benida
S'èra quasimen avalida...
Dins la vila, en ges de cantoun,
Pecaire ! n'èra pas besoun
De metre en grossas escrituras :
Qu'aici se fague pas d'ourduras !
Tout èra net couma la man,
Fauta de pitança e de pan !
Lous bourgès, secs couma de siéure,
Erou pamens pas las de viéure,
Car avien prou bon apetis,
Amai seguessou mau nourris.
Plusiuers, per touta nourritura,
Metien sous souliés en fritura.
Lous riches manjavou de cats,
Lous paures cassavou de rats ;

Vice-Légat y digérait-il après souper : lui qui, auparavant, ne se culottait qu'au moment de se mettre à table et qui, lorsque cela le prenait, allait et venait tout en bâfrant. Aussi sa bedaine sacrée s'était-elle presque entièrement fondue. Dans la ville, en aucun coin (de rue , *pechère !* pas besoin n'était de mettre en grosses lettres : *Défense de faire des ordures*. Tout était net comme la main, faute de pain et de pitance ! Les bourgeois, secs comme des liéges, n'étaient pas las de vivre pourtant : car ils avaient assez bon appétit, bien qu'ils fussent mal nourris. Plusieurs, pour toute nourriture, mettaient en friture leurs souliers : les riches mangeaient des chats, les pauvres chassaient des rats :

Enfin, dins aquela tempèsta,
Chacun jougava de soun rèsta.
Noun vesiàs dins aquel païs
Que de visages estequits.
Las fennas, de coulou d'escarpas
E qu'èrou tout iols e tout arpas,
Moustravou de pèls de tambour
Qu'en travès se vesiè lou jour ;
Lous omes, pu magres encara,
Dounavou d'èr à fu *Lazare*,
E lou mendre vent que fasiè
Lous passejava ounte vouliè.

On vesiè pas pus per carrièiras
Ni cousiniès, ni cousinièiras
Vendre de lard, ploumà d'aucèls
E faire amoulà sous coutèls.
Lous canounges, que d'ourdinàri
Soun pu gras que lou necessàri,
Chaque jour, fauta de fricot,
Vesièn descouflà soun barbot ;
Una pelouira iè penjava
Que certa bèn lous aflijava :

Enfin, dans ce désastre, chacun jouait de son reste. On ne voyait dans ce pays que visages décharnés. Les femmes, au teint de carpes et qui étaient tout yeux et tout griffes, étaient des peaux de tambour au travers desquelles le jour se voyait ; les hommes, plus maigres encore, ressemblaient à feu Lazare, et le moindre vent qui soufflait les promenait où il voulait.

On ne voyait plus par les rues ni cuisiniers, ni cuisinières, vendre du lard, plumer des oiseaux et faire aiguiser leurs couteaux. Les chanoines, qui d'ordinaire sont plus gras qu'il ne faut, chaque jour, faute de vivres, voyaient se dégonfler leur jabot : une peau flasque pendait à la place, ce

De loups, la sounalha au coulet,
N'aurièn pas un èr pu mouquet.

 Lous quatre ordres de la Besaça
Prechavou be pèr la fricassa :
Mès la fam de sous auditous
Aviè tapat lous ausidous :
Ventre afamat es sans aurelhas !
Chacun recatava sas pelhas ;
Sans coumtà qu'en bramant antau
N'avièn pas l'èr lou pu malaut.

 End' aco, dins aquela vila,
Tant fasièn carèma e vigila,
Que tout sariè mort à la fes
Sans l'aventura que veirés :

 Un Fraire, en venent de la *quèla*,
Aprenguèt dins una guingueta
Que veniè d'arribà de blad
Dins una plaça dau Coumtat.
Vite n'en porta la nouvella :
Lous mouines, tout lausant soun *zèla*,
Alaugeiravou lou paquet
De ce qu'aviè dins soun saquet.

qui, certes, les affligeait bien : des loups, une sonnette au cou, n'auraient pas eu l'air plus penauds.

Les quatre Ordres de la Besace prêchaient bien pour la nourriture : mais la faim avait bouché l'ouïe de leurs auditeurs : « Ventre affamé n'a pas d'oreilles ! » Chacun pensait à sa propre misère. Sans compter qu'en braillant ainsi, ils n'avaient pas l'air d'être les plus malades.

Avec cela, dans cette ville, tellement on faisait vigile et carême que tout le monde serait mort à la fois sans l'aventure que vous verrez :

Un Frère, en retournant de faire la quête, apprit dans une guinguette qu'il venait d'arriver du blé dans une place du Comtat. Vite il en répand la nouvelle : les moines, tout en louant son zèle, allégeaient le

Talamen que lou Priéu de l'Ordre
Troubèt à pena de que mordre.
   Lou lendeman, de bon mati,
Tout acò couris averti
Lou Vice-Legat de l'afaire
Qu'avièn apressa d'aquel Fraire.
A sa porta nostres tounduts
Boumbèrou coume de perduts,
Tant qu'à la fin la doumestica
En tremblant ié cridèt : — Quau pica ?
— Nautres ! respondou ; douvrissès !
— Oh ! digàs-me de-que voulès ?
— A vostre mèstre venèn dire
Quicon que lou farà bèn rire,
Amai sai-que vous atabé :
Fin de diseta.... — Bon ! eh be !
Tout plan dins la premièira sala
Intràs ; l'ausisse que davala.
   De fèt, Mounsegnou Dorià
La seguis en diguent : — Ha ! ha !

paquet de ce qu'il avait dans son sac, à tel point que le prieur de
l'Ordre y trouva à peine de quoi manger.

Le lendemain de bon matin, tous courent avertir le Vice-Légat de
l'affaire qu'ils avaient apprise de ce Frère. A sa porte nos tonsurés
heurtèrent comme des perdus, tant qu'à la fin la servante en tremblant
leur cria :

— Qui frappe ?

— Nous ! répondirent-ils ; ouvrez !

— Oh ! dites-moi ce que vous voulez ?

— Nous venons dire à votre maître quelque chose qui le fera bien
rire, et peut-être même vous aussi : Fin de disette !...

— Bon !... Eh bien ! entrez tout doucement dans la première salle ;
je l'entends qui descend.

En effet, Mgr Doria la suit en disant :

Qu'es aiço ? Venès veire en troupa
Se per aici donou la soupa ?
— Oh ! ié respond lou Paire Priéu,
Mounsegnour hou pren trop au viéu :
N'aurian pas aquela insoulença...
Venèn dire à Soun Eicelença
Qu'à Cadaroussa es arribat
Quatre cents carradas de blad !...
— E quoura ié soun arribadas
Aquelas quatre cents carradas ?
Repliquèt Dorià susprés.
— Lou vint-e-sèt d'aqueste mes...
— Aco sufis. Adessiàs. *Pèras !...*
Quauca part dins vostras preièras !
  Aqui-dessus lous enmandèt,
Faguèt la siéuna e dejunèt.
Diéu sap se piquèt fort e ferme
E s'espargnèt lou tuia-verme !
Las brisas, à chaque moussèl,
Ié sautavou sus lou capèl !

— Ah ! ah ! qu'est-ce donc ? Vous venez voir en foule si l'on donne
la soupe par ici ?

— Oh ! lui répond le Père Prieur. Monseigneur prend la chose trop
au vif : nous n'aurions pas cette insolence... Nous venons dire à Votre
Excellence qu'il est arrivé à Caderousse quatre cents charretées de
blé !...

— Et quand y sont-elles arrivées ces quatre cents charretées ? répli-
qua Doria surpris.

— Le vingt-sept de ce mois...

— Cela suffit. Adieu. Pères !... Quelque part dans vos prières !

Là-dessus il les renvoya. fit la sienne prière et déjeuna. Dieu sait s'il
frappa fort et ferme et s'il ménagea ce premier repas ! Les miettes. à chaque bouchée. lui sautaient sur le chapeau ! et. réjoui de la nouvelle qu'il

E, rejouït de la nouvella.
Tout lou jour anèt à la sella.
l'èra, à soun grand countentamen,
Quand espedièt proumtamen
Un ordre à vint souldats dau Papa
Pèr anà, *mouienant* l'estapa,
Sans atendre un moumen pus tard,
A Cadaroussa, de sa part.

   La bregada seguèt lèu presta.
Partissoun, un fifre à la tèsta.
Chacun soun fusil sus lou col
E munit d'un grand para-sol.
Per soun alta, au premiè vilage,
Trouvèrou pas que dè froumage :
Mès seguèrou milhou tratats
A la soupada, à Carpentràs.

   Lou lendeman, à pena l'Auba
Ajèt cargat sa bella rauba,
Per saludà lou diéu dau jour,
Que veniè de faire soun tour,
Quand à Cadaroussa estounada
Faguèrou dounà la chamada.

venait d'apprendre, il alla tout le jour à la selle. Il y était, à son grand
contentement, quand il expédia promptement l'ordre à vingt soldats
du Pape d'aller, moyennant l'étape, sans attendre un moment de plus, à
Caderousse de sa part.

   La brigade fut vite prête. Ils partent, un fifre en tête, chacun son fusil
sur le cou et muni d'un grand parasol. Pour leur halte, au premier village,
ils ne trouvèrent que du fromage : mais ils furent mieux traités au souper,
à Carpentras.

   Le lendemain, à peine l'Aurore eut-elle mis sa belle robe, pour saluer
le roi du jour qui venait de faire sa tournée, quand à Caderousse surprise
ils firent battre la chamade.

Lou fifre, en ié siblant un èr,
Metèt touta la vila en l'èr.
Un, que devistèt l'escouada,
Cridèt : — Juste Cièl ! quinta armada
Campa davans nostras parets !
Oh ! sèn couats aquesta fes !
Sant Pau, delivràs Cadaroussa
Das enemics qu'avèn en troussa !...
   Aqui-dessus, tout s'esfraièt ;
Vite l'alarma se sounèt
E, sans sounjà de se defendre,
Parlavou dejà de se rendre.
— Iéu crese, mardiéu ! que sès fols !
Coussi ! que quauques para-sols
Devou faire rendre una vila ?...
Diguèt un vielhard plen de bila.
Perdine ! infourmàs-vous au mens
De-que voloun aquelas gents...
An siblat ? mès, amai on sible,
On n'es pas pamens pu terrible !
Se voulès, iéu me cargarai
De veire ce que fan alai.

Le fifre, en leur sifflant un air, mit toute la ville en émoi. Un habitant qui aperçut l'escouade, cria :

— Juste ciel ! quelle armée ! Oh ! nous sommes perdus, cette fois ! Saint Paul, délivrez Caderousse des ennemis que nous avons à nos trousses !

Là-dessus, tout le monde prit peur : vite le tocsin sonna et, sans songer à se défendre, on parlait déjà de capituler.

— Je crois, mordienne ! que vous êtes fous ! Comment ! quelques parasols doivent-ils faire capituler une ville ? dit un vieillard, plein de colère. Pardieu ! informez-vous au moins de ce que veulent ces gens-là. Ils ont sifflé ? mais, quand bien même l'on siffle, on n'en est pas plus terrible pour cela ! Si vous voulez, je me chargerai de voir ce qu'ils font là-bas.

* 9 7 8 2 3 2 9 6 3 1 0 7 3 *